Di lo que quieres decir 2015

Antología de siglemas 575

Di lo que quieres decir 2015

Antología de siglemas 575

Patricia Schaefer Röder, Editora

Colección Carey

Ediciones  Scriba NYC

Di lo que quieres decir 2015 – Antología de siglemas 575
Patricia Schaefer Röder, Editora
©2015 PSR
Ediciones Scriba NYC
Colección Carey – Poesía

Arte de portada: Jorge Muñoz
©Ediciones Scriba NYC, 2015

http://siglema575.blogspot.com

Impresión: Bibliográficas

ISBN: 978-0-9845727-2-4

Scriba NYC
Soluciones Integrales de Lenguaje
26 Carr. 833, Suite 816
Guaynabo, Puerto Rico 00971
+1 787 2873728
www.scribanyc.com

© Todos los derechos reservados. Ninguna parte de esta publicación podrá ser reproducida, almacenada, transmitida de manera alguna ni por ningún medio, sea electrónico, químico, mecánico, óptico, de grabación o fotocopia, sin permiso previo del editor o el autor.

Septiembre 2015

"...si tenemos esa visión tan esencial de un concepto que parte de lo mínimo hacia un universo en significado y forma, entonces estamos frente a un evento que debemos detenernos a contemplar, y si hay poesía, la persuasión es definitiva".

Marioantonio Rosa
"La persuasión minimalista"
El Post Antillano, Puerto Rico 23/05/15

CONTENIDO

Prólogo 11

Siglemas 575 premiados 13

Primer premio
PAISAJE NOCTURNO, Raúl Castillo Soto 14

Segundo premio
CONDENADOS, Catalina Vásquez Espinosa 16

Tercer premio
SIGLEMA, Margarita Iguina Bravo 18

Menciones honoríficas 19

LIBROS, Julieta Loaiza Montes 20
AMOR, Katherin Isturiz 21
CELULAR, Melissa Díaz 22
SOLEDAD, Mary Ely Marrero-Pérez 23
TIEMPO, Silvia G. Vázquez 24
CONATO, Eugene López-Rivera 25

Siglemas 575 destacados 26

VIDA, Julieta Loaiza Montes 27
VIDA, Jesús Orellano 28
VIDA, José A. Romero R. 29
BASKET, Anyer Urriola 30

AIRE, Laura Escobar 31
COSMOS, Catalina Vásquez Espinosa 32
CARNAVAL, Catalina Vásquez Espinosa 33
HAMBRE, Melissa Díaz 34
ORGASMOS, Elí Astocaza 35
DELIRIO, Domingo Hernández 36
HAMBRE, Erleen Marshall Luigi 37
POETA, Ariel Santiago Bermúdez 38
CARACAS, Nahir Márquez 39
MURCIÉLAGO, Daniel Népomuk 40
GRAPADORA, Daniel Népomuk 42

Siglemas 575 seleccionados 43

SOLEDAD, Julieta Loaiza Montes 44
LUNA, Génesis Canino 45
CUANDO, Roberth Sucre 46
MUERTE, Margarita Iguina Bravo 47
MANDALA, Margarita Iguina Bravo 48
PAZ, Betsally Moreno 49
ODIO, Johendry García 50
SER, Yuriana Vega 51
LUZ, Carlos Vielma 52
SER, María José Ibarra 53
SOL, Rubén Guzmán 54
CHIREL, Rubén Guzmán 55
MUERTE, Gustavo Reyes 56
HIJO, Elí Astocaza 57

ROBOT, Elí Astocaza 58
MÍA, Natashari Nazario 59
BESO, Natashari Nazario 60
COPA, Natashari Nazario 61
MI PADRE, Domingo Hernández 62
MADRE, Domingo Hernández 63
FLAMA, Erleen Marshall Luigi 64
AMIGA, Erleen Marshall Luigi 65
PAÍS, Mariela Cordero 66
FE, Mariela Cordero 67
ECOS DE POESÍA, Maite García Córdoba 68
NIETOS, Cándida Negrón Santiago 70
DIOS, Ariel Santiago Bermúdez 71
SOY, Susana González Rico 72
OLVIDO, Susana González Rico 73
PEZÓN, Daniel Népomuk 74
MUSLOS, Mary Ely Marrero-Pérez 75
USTED, Mary Ely Marrero-Pérez 76
DUDA, Silvia G. Vázquez 77
BELLA HUMILDAD, Miguel Lazarte 78
CARIÑO, Araceli Blanco Rubio 80
RETO, Araceli Blanco Rubio 81
BESO, Araceli Blanco Rubio 82
SEQUÍA, Eugene López-Rivera 83
PATRIA, Eugene López-Rivera 84
HUMO, Wanda Lluveras 85
TIERRA, Wanda Lluveras 86

ABRAZO, Carmen Chinea Rodríguez 87

MUJER, Lizzie R. Nevarez De Jesús 88

HOY, Lizzie R. Nevarez De Jesús 89

SOL, Lizzie R. Nevarez De Jesús 90

ANACORETA, Marieli Calderón 91

AMANTES, Sandra Santana 92

SEQUÍA, Sandra Santana 93

RABO DE GATA, Madeline Santos Zapata 94

TÚ, Madeline Santos Zapata 96

LABIOS, Madeline Santos Zapata 97

PRÓLOGO

El *siglema 575* es una nueva forma de escribir poesía que nos lleva a descubrir la esencia de aquello que nos inspira, animándonos a vivir nuestra libertad creadora sin obligarnos a seguir un estilo poético particular. Infinitamente versátil, a través del siglema 575 podemos abordar todos los temas que nos mueven de la misma manera en que se gestan, con metáforas barrocas o imágenes más elegantes o sencillas, sin por ello acercarnos a los rumbos de la simplicidad, y sin embargo regresando a la naturaleza del tema. Sublime y limpio, con su métrica breve, junto con la rima libre, nos deja redefinir nuestra visión de las cosas, concretando figuras que nos llevan directo al grano, siguiendo la tendencia de nuestro tiempo hacia lo puro, el corazón de lo que nos importa, explorando, definiendo y profundizando en cualquier sentimiento, personaje u objeto. Así, el siglema 575 es la bella personificación de la poesía minimalista, "porque todo se originó de un punto, y todo puede reducirse a un punto".

Un siglema 575 es un poema que se escribe en base a las letras de la palabra o palabras que definen su tema y que constituyen su título, que queda representado en mayúsculas, como una especie de acrónimo. Cada estrofa posee tres versos, de los cuales la primera palabra del primero debe comenzar con la letra correspondiente a la sigla que le toca. La métrica es 5-7-5, con rima libre. Por su naturaleza acrónima, las diferentes estrofas deben poder funcionar independientemente como un poema autónomo que trate el tema en cuestión, y en conjunto, como parte de un poema de varias estrofas que gire alrededor del mismo tema. En un siglema 575 hay tantas estrofas como letras posea el título.   © 2011 PSR

En su compromiso indeleble con la excelencia en la comunicación escrita, **Scriba NYC Soluciones Integrales de Lenguaje** convocó al Primer Certamen Internacional de Siglema 575 "Di lo que quieres decir" 2015. En este, concursaron poetas de once países de América y Europa, enviando más de 130 participaciones que abarcaron una amplia gama de temas. El jurado estuvo conformado por cinco escritores destacados de tres países: Ricardo Calderón

Gutiérrez, Presidente del Instituto de Cultura Peruana de Miami, EE.UU.; Dra. María Antonieta Elvira-Valdés, Profesora e Investigadora de la Universidad Simón Bolívar, Caracas, Venezuela; Ángel Isián, Cofundador de la Liga de Poetas del Sur, Puerto Rico; Willmarie Lebrón García, Fundadora de la iniciativa poética Verso al Aire, Manatí, Puerto Rico y Samar De Ruis, Cofundadora del grupo literario Cómplices en la Palabra, Puerto Rico. Ellos consideraron cada uno de los siglemas 575 participantes en cuanto a su lírica, minimalismo, conceptualización del tema en cada estrofa e integración de todas las estrofas en un poema que plasme el tema de inspiración.

El primer premio lo obtuvo PAISAJE NOCTURNO, de Raúl Castillo Soto (EE.UU.); segundo premio, CONDENADOS, de Catalina Vásquez Espinosa (Colombia); tercer premio, SIGLEMA, de Margarita Iguina Bravo (Puerto Rico). Las menciones honoríficas recayeron en LIBROS, de Julieta Loaiza Montes (Colombia); AMOR, de Katherin Istúriz (Venezuela); CELULAR, de Melissa Díaz (EE.UU.); SOLEDAD, de Mary Ely Marrero-Pérez (Puerto Rico); TIEMPO, de Silvia G. Vázquez (Argentina) y CONATO, de Eugene López-Rivera (Puerto Rico).

Di lo que quieres decir 2015 recoge los siglemas 575 premiados, así como una selección de los más destacados en el certamen. Vida, muerte, familia, soledad, ser, amor, erotismo, cosmos y patria fueron algunos de los temas universales preferidos por un gran número de poetas en este encuentro internacional. Asimismo, estampas como la belleza de la humildad, el eco de la poesía e incluso la fascinación que puede producir el rabo de una gata, quedaron plasmadas a través de la lírica enfocada en la esencia de lo que nos mueve.

Scriba NYC Soluciones Integrales de Lenguaje agradece la concurrencia de los participantes en este encuentro y felicita a los poetas premiados, así como a todos los concursantes, por haber aceptado el reto poético del siglema 575, atreviéndose a *decir lo que quieren decir.*

Patricia Schaefer Röder, Editora

SIGLEMAS 575 PREMIADOS

PRIMER PREMIO

Raúl Castillo Soto
Estados Unidos

<u>PAISAJE NOCTURNO</u>

Penumbra azul;
solo el cansado viento
mueve sus alas.

Ancla en la luna,
grazna su pluma oscura
en un suspiro;

incita oculta
el crujir de las ramas
del noble cedro.

Se inicia el baile,
la intermitente luz
de las luciérnagas.

Anuncia el grillo
la trova del coquí:
guardián noctámbulo.

Juega la sombra
entre nimbos de plata
entusiasmada,

embelesada
por los faros que emergen
de las tinieblas.

Náyades sepia;
pentagrama de estrellas
tañe en sus horas.

Orión la besa,
entre constelaciones
desperdigadas.

Crestas del mar
se arremangan al velo
de la ventisca.

Tejió la noche
manto de cerrazón
que ha desgarrado.

Ungida reina,
despide de los sueños,
arrodillada...

Regresa un astro
que tenaz la persigue,
perennemente.

Navega ciega,
se hace menos visible
ante los hombres;

otro paisaje
de luces y colores
paciente, aguarda.

SEGUNDO PREMIO

Catalina Vásquez Espinosa
Colombia

CONDENADOS

Cánticos ruines
aturden nuestros nervios
con desfachatez.

Osados ecos
perpetran la derrota
de marchas libres.

Neandertales
de dudosa calaña
surten la náusea.

Determinante
y punzante azote
diluye almas.

Encadenados,
aún más, despojados,
dados por muertos.

Números fríos
oprimen y someten,
marcan destinos.

Añejas leyes
apuñalan espaldas
sin concesiones.

Drásticas letras,
anómalas doctrinas
marcan los sinos.

Ogros bestiales
oprimen y sojuzgan
gestan el terror.

Solo quedarán
ideas soterradas
e inmanentes.

TERCER PREMIO

Margarita Iguina Bravo
Puerto Rico

SIGLEMA

Si rimas pides
ayer, mañana y siempre
disponible estoy.

Intento trazar
palabras con un tema
que lo defina.

Guío mi pluma
creando las estrofas,
solo tres versos.

La métrica fue
de cinco, siete, cinco
y rima libre.

Escrito queda
y mi primer siglema
te lo muestro aquí.

Mañana vendré
con nuevas creaciones
para sorprender.

Ahora me voy
escondido en la noche
dispuesto a trovar.

MENCIONES HONORÍFICAS

MENCIÓN DE HONOR

Julieta Loaiza Montes
Colombia

LIBROS

Legión de letras
sobre las hojas blancas
fiero combate.

Inimitable
mariposa de papel
abre tus alas.

Borda las letras
cual filigranas de oro
en la memoria.

Racimo de uvas
bibliotecas del mundo
embriaguez total.

¡Orfebres poetas!
Labrad las letras, que no
mueran los libros.

Sobre tus lomos
atesoras por siglos
sabiduría.

MENCIÓN DE HONOR

Katherin Isturiz
Venezuela

AMOR

Amanezco y
solo pienso en darte
el mejor beso.

Mirándote a
los ojos, y perderme
en tu mirada.

Obedeciendo
tus deseos, sin negar
mis sentimientos.

Reflejando el
miedo que causas cada
vez que te tengo.

MENCIÓN DE HONOR

Melissa Díaz
Estados Unidos

CELULAR

Círculo mundial
de letras exploradas
millón de veces.

En un segundo
mil huellas digitales
allí son nómadas.

La imaginación
aguda feneciendo,
no hay infancia.

Un lugar frío,
padres evadiéndose
en ese mundo.

La obligación
se queda suspendida
en los hogares.

A la vez, todos
somos parte del juego
¿pero los niños?

Ruda mecánica
donde el tiempo muere
sin remorderse.

MENCIÓN DE HONOR

Mary Ely Marrero-Pérez
Puerto Rico

SOLEDAD

Sostengo toda
necesidad ardiente
en más frialdades.

Oblación necia
la de cuerpos tan falsos
que fingen tanto.

La lejanía,
reconocer lúcidos
sin más lágrimas.

Extraviémonos...
resignados dolores
de esos abrazos.

Desertémonos...
en busca de amor simple,
de camas anclas.

Anunciémonos...
distantes sin caricias,
sin nexos puros.

Distingámonos
de los acompañados
sin voluntades.

MENCIÓN DE HONOR

Silvia G. Vázquez
Argentina

TIEMPO

Transcurrió pronto
como siempre lo hace,
sin consultarnos.

Insomnios varios
quisieron retenerlo
entre sus manos.

Equivocados
buscamos en relojes
y en calendarios.

Miedos arcaicos
cayeron asustados
en el vacío.

¿Por qué no hay nadie
dando un prólogo nuevo
a tanto caos?

¿O desconocen
la soledad inmensa
de los espejos?

MENCIÓN DE HONOR

Eugene López-Rivera
Puerto Rico

CONATO

Ciertamente soy
de tantas circunstancias,
pero esencia.

Oír, tras oír, no ser
frustrada acción del yo
en su aborto.

Natimortandad
de propósitos míos
en prohibiciones.

Ahí se dice;
"hombre es quien propone
Dios quien dispone".

Transgresión del fin
aunque lo incompleto
entonces sea.

O seré error
que existe innato
a su complexión.

SIGLEMAS 575 DESTACADOS

Julieta Loaiza Montes
Colombia

VIDA

Vertiginosa
pasa, corre la vida
sobre la tierra.

Ilusión sin fin
idea de lo eterno
¡inmortalidad!

Dársena donde
anclada el alma ansía
volver al éter.

Aria singular
cada quien su música
te interprete.

Jesús Orellano
Venezuela

VIDA

Ven alma mía
a lo alto del cielo,
sin sufrimientos.

Ineptos lloran,
lamentados cantaban
para los muertos.

Decían antes
que *Facilis descensus
averni* pero...

...A los que sufren
que simples mortales son,
morir es vivir.

José A. Romero R.
Venezuela

VIDA

Vivimos en la
incertidumbre de un
Pueblo que perdió

ideales que
solíamos mantener
en la sociedad.

Desde que cambió
la mentalidad con la
que lográbamos

avanzar, ya no
hay en nuestro país un
voto que valga.

Anyer Urriola
Venezuela

BASKET

Bello deporte
requiere gran destreza
y habilidad.

Actitud fuerte
gran uso del cerebro
junto al cuerpo.

Si se entrena
se puede ser muy bueno
y ganar juegos.

Kilos de amor
y de inteligencia
dan la victoria.

Es agradable
enfrentarse al mejor
y triunfar con Dios.

Tus triunfos te dan
grandes satisfacciones
con tus amigos.

Laura Escobar
Venezuela

AIRE

Aspiro llegar
caminando perdida
a algún lugar.

Inspiro aire,
calmo mis nervios
y puedo volar.

Recuerdo tu luz,
esa paz propia de ti
es mi anhelo.

Entonces será;
un destino incierto
espera por mí.

Catalina Vásquez Espinosa
Colombia

COSMOS

Constructo lento
sutilmente tallado
cieno concreto.

Orbe silente,
sustancias asombrosas
voz inaudible.

Sapiencia magna,
incógnitos presagios
ser en espera.

Moles frecuentes,
espacios inconexos
habitáculos.

Oblongas cimas,
agudos precipicios
minas rupestres.

Sueños nórdicos
metafísicas fases
origen y fin.

Catalina Vásquez Espinosa
Colombia

CARNAVAL

Convergen entes,
son seres en extremo
tan lastimados.

Asumen vida
en amorfas grafías
que son un lastre.

Ruidosas marchas
trasegares oscuros
su propio festín.

Nuncios fatales
hijos de aquel *lovecraft*
nidos kafkianos.

Arremetidos
por simples e impunes
mentes livianas.

Vacuos recuerdos,
los de impío hostal
jerarquizado.

Antiguos campos,
espacios feéricos
seres del *cybergore*.

Linderos secos,
separando el festín
de lo monstruoso.

Melissa Díaz
Estados Unidos

HAMBRE

Hombres lagartos
que devoran el todo
en su ambición.

Acero aguado
sobre el cadáver de la
sensibilidad.

Momentos grises:
el estómago duele
y se inflama.

Bondad absurda
en la verborragia de
promesas falsas.

Roban al pueblo
con descarada furia,
no hay víveres.

El disfraz cae,
cuando el hambre grita:
el pan escaso.

Elí Astocaza
Perú

ORGASMOS

Ojos cerrados
pestañas presionadas
cejas fruncidas.

Rictus escuálido
y boca temblorosa,
con labios mórbidos.

Ganas de ver
nuestros cuerpos vahídos
emulsionados.

"A mi cabello
le parece gracioso
meterse siempre".

Supón tus manos
mezcladas simultáneas
idas en mí.

Mascullas ácida
mi nombre y el de Dios
yo y Él, contigo.

Ósculos tiernos,
luego, besos turbados
y lenguas lúbricas.

"Si nos das tiempo,
siquiera un millón de años,
nos vamos" dices.

Domingo Hernández
Estados Unidos

DELIRIO

Dame otra vez
la cadencia sublime
de un delirio.

Encabrítame
el ansia de cabalgar
tu cuerpo claro.

Levitándome,
como cientos de plumas
fueran mis huesos.

Iluminada
de extraña presencia
danza mi sombra.

Retoño nubes
asido a tu brisa
loco delirio.

Izo mis ojos,
gravito en tu nombre
íntimas luces.

Oh, yo no sé
si ando o si vago
con mi delirio.

Erleen Marshall Luigi
Puerto Rico

<u>HAMBRE</u>

Hueles al libro
de pecados ocultos
que no vivimos.

Ansias impuras
que arden en mi cuerpo
y cenizas son.

Mendigando voy,
en hombres sin ánimas,
ese aroma.

Bebiendo llantos,
mi boca te aclama
en ecos vanos.

Regresan rabias
a castigar anhelos
que no saciaré.

Entre cerrojos
escondo esta hambre
por oler tu piel.

Ariel Santiago Bermúdez
Puerto Rico

POETA

Por esta calle
suave de laberintos
te encuentras sola.

Opuesta a todo
porque saldrás ganando
verso por verso.

Este camino
es de lluvia sin viento
sobre las olas.

Termina pronto
que el universo calla
y el mar responde.

Ante tu cuerpo
el oro resplandece
tu poesía.

Nahir Márquez
Alemania

CARACAS

Cerca o lejos
tu sonido verde es
susurra, cuenta.

Ando contigo
por tardes ambarinas
en la tormenta.

Resuenas, gritas
como campana blanda
terquedad rota.

¿Acaso me ves?
Llevas años perdida
llorando furias.

Ciertas corrientes
nos empujan sin flores
mareas ciegas.

Abandonarse,
soltar, es quizás lumbre
centro, orilla.

Secar tus ojos
es guardarte invicta
es llama nueva.

Daniel Népomuk
Puerto Rico

MURCIÉLAGO

Miras el cosmos
por medio de sonidos
imperceptibles.

Ultrasensibles
tus aterciopeladas
cuencas de cristal.

Refugiándote
vives en la soledad
de tus destierros.

Cantando al cielo
con tus ultrasonidos
trazas caminos.

Introvertido
que analizas el mundo
colgando al revés.

En donde el frío
abriga acurrucado
tu cuerpo de ónix.

Lanzándote vas
con tu ingenioso volar
evolutivo.

Adentrándote
a lugares que pocos
logran conquistar.

Gallardamente
continúas tu rumbo
adaptativo.

Ornadamente
disfrutas de los aires
de tu eternidad.

Daniel Népomuk
Puerto Rico

GRAPADORA

Gime angustiada
la vieja grapadora
sobre mi mesa.

Rasga el silencio
cada vez que presiono
su caparazón.

Antes juraba
no sentir mi apretón
en su figura.

Pero agotada
desea abandonarme
para irse lejos.

Ansía un lugar
un paisaje lejano
y solitario.

Donde descanse
y despeje su mente
tan laboriosa.

Olvidar quizás
que fue como esclava
en vez de diosa.

Recordar tal vez
que al menos fue dichosa
de haber vivido.

Aunque haya sido
para habitar en mis
viejas memorias.

SIGLEMAS 575
SELECCIONADOS

Julieta Loaiza Montes
Colombia

SOLEDAD

Sol del que nace
brillas en la infancia
resplandeciente.

Otra es la luz
del mozuelo inquieto
el sol es lumbre.

Lejos, muy lejos
quedan los años mozos
llega el ocaso.

Edad: silencio
runruneo de recuerdos
la vida pasa.

Días de nostalgia
evocación de seres
otrora amados.

¿Adónde vas tú,
tiempo sin tiempo en el
vacío eterno?

Don de la vida
cuando solo ya esté
vuelve a la nada.

Génesis Canino
Venezuela

LUNA

Luz en la noche
frío en los andares
del parque azul.

Única, alta
unida en el cielo
de estrellitas.

Noble misterio
deja la noche fría
entre las tumbas.

Amante de ti
en las tinieblas grises
iluminada.

Roberth Sucre
Venezuela

CUANDO

Caminas solo
es pesado y duro
lastimándote.

Usas a otros
lastimas a la gente
y a ti mismo.

Aportas algo
bueno a las personas
es cuando creces.

Nunca te rindes
es duro y cansado
pero da frutos.

Dudas, encuentras
tu andar oscurece
tropezándote.

Observas mejor
con una gran convicción
no tropezarás.

Margarita Iguina Bravo
Puerto Rico

MUERTE

Me asusté al verla
espectro con capucha
y su guadaña.

Una vez entró
se apoderó del niño
y aún lo habita.

Él no responde,
solo respira y late,
ella contempla.

Repta severa
el neonato cuerpo,
le impide sanar.

Todo termina
sin un primer gemido,
sin un comienzo.

En su cuerpo está
muy dispuesta a cercenar
el postrer hilo.

Margarita Iguina Bravo
Puerto Rico

MANDALA

Memorias cortas
impresas en círculo,
retablo vivo.

Alegoría,
con arena pintada
espacio sacro.

No te detengas,
la belleza es temporal
en nuestro mundo.

Dibuja, crea,
un diagrama cósmico,
luego medita.

Abre caminos,
comparte la experiencia,
vive tus sueños.

La vida es breve
como teñida arena
frente a una brisa.

Aire templado
la abanica con fuerza
y la dispersa.

Betsally Moreno
Venezuela

<u>PAZ</u>

Personaje que
busca el cese de la
violencia mundial.

Actuando por los
que más lo necesitan
por un bien contra.

Zurda opresión
de guerras y gobiernos
que son violentos.

Johendry García
Venezuela

ODIO

Oscuridad del
alma que ya consume
completo mi ser.

Dios nos enseña
a amar, y la vida
a odiarnos más.

Importa lo que
hacemos, pero nunca
lo supliremos.

Os gustaría
amar, pero sabemos
solo destruir.

Yuriana Vega
Venezuela

<u>SER</u>

Solo con verte
me alegras el día
y vivo feliz.

Enamorada
vivo eternamente
atada a ti.

Reír contigo
iluminará mi ser
intensamente.

Carlos Vielma
Venezuela

LUZ

La oscuridad
se impone en todo
omnipresente.

Un azul cielo
es claro u oscuro
un cielo en fin.

Zanjar todo es
difícil, pero vamos
iluminados.

María José Ibarra
Venezuela

<u>SER</u>

Saber amarte
aceptar las virtudes
y los defectos.

Encontrarte y
aceptarte sin tener
miedo a nada.

Reinventarte
tener criterio propio
y luchar por ti.

Rubén Guzmán
Venezuela

SOL

Solo estas tú
estelarizando la
danza del tiempo.

Oro líquido
fluyendo a través de
los días mansos.

Luna querida
lejano espejismo
de la luz vista.

Rubén Guzmán
Venezuela

CHIREL

Cocina, sabor
caminos y pasiones
encuentros breves.

Hoy escribo, mas
a ti gustosamente
desde que te leo.

Inicio veloz
picantes sensaciones
cortos pinchazos.

Revoluciones
¿la punta de la lengua
arde más allá?

Electricidad
dinámica atenta
de mente ágil.

Lánguidamente
el final llegó
¡aguas que quemo!

Gustavo Reyes
Puerto Rico

MUERTE

Me paré enfrente,
descansando en su ataúd,
eternamente.

Unidos gemían,
todos juntos menos yo,
las mías no corrían.

Escondía todo,
no sabían lo real,
pero ni modo.

Riñas sentía,
yo sabía quién era,
yo sí conocía.

Traté y no pude,
los demás no escuchaban,
allá en su nube.

Entonces caí,
no era un desconocido,
sino yo ahí.

Elí Astocaza
Perú

<u>HIJO</u>

Hacinándoseme
estaba mi camino,
mas tu viniste.

Instantes sosos
cambiaron a rugidos,
mi capullito.

Joven insípido
y ahora mejor padre
siempre cuidándote.

¿Orar, yo? Pero,
si algo te pasa, llamo
incluso al diablo.

Elí Astocaza
Perú

ROBOT

Robo un momento
para preguntar, ¿cómo
es ser humano?

Ordenas algo
¿y acaso sabes si
uno te mira?

Bastante tengo
con que no me repares
y no te valga.

O uno: circuitos
cables, latón y luces,
¿no siente algo?

Tengo lo mismo
que tu galán humano:
amor por ti.

Natashari Nazario
Puerto Rico

MÍA

Mi bella niña
la búsqueda y la pasión
me enamora.

Ignorante yo
no tenerte conmigo
me causa dolor.

Amada niña
me alegras la vida
cuando te veo reír.

Natashari Nazario
Puerto Rico

BESO

Brisa caliente
escapando tus labios
entre nosotros.

Eternos besos
de tu mirada dulce
me hacen feliz.

Solo un beso
maravilloso y suave
como ninguno.

Ojos azules
te obsequio mis labios
y todo mi amor.

Natashari Nazario
Puerto Rico

COPA

Cara de cristal
de tu tiempo tomaré
entre mis manos.

Ojos que miran
deciden quién tomará
en nuestros brindis.

Probarte a ti
de tu copa de cristal
es un delito.

Amante sabor
de única calidad
te digo adiós.

Domingo Hernández
Estados Unidos

MI PADRE

Mitológico
mi invisible padre,
siempre lo llevo.

Ilustre padre
jinete del recuerdo,
siempre cabalga.

Pasa montura
de fuego en mis días,
siempre destella.

Anda la noche
se mete en mis sueños,
siempre despierto.

Derrumba piedras,
vuela distancias, mares,
siempre gaviota.

Recorre su luz,
huye la oscuridad,
por siempre brújula.

Eternamente,
perpetua su presencia,
siempre mi padre.

Domingo Hernández
Estados Unidos

MADRE

Madre, tu nombre
acrisola mi alma,
la vuelve libre.

Arma mi pecho
de ríos y afluentes,
montes azules.

Diáfanos cruzan
tus labios por mi cuerpo,
y reverdezco.

Réplica madre
soy de tus alegrías,
de tu aurora.

Erguido ando
con tu alba prendida,
Madre, mi madre.

Erleen Marshall Luigi
Puerto Rico

FLAMA

Flama, oscilas
temblando de pesares.
Crecer quisieras.

Lenguas de humo
tiñen paredes frías
que no alcanzas.

Aletargada,
vas despintando sombras
sinuosamente.

Morir no quieres.
La cera derretida
es asfixiante.

Agitada en
fracasados intentos,
recibes muerte.

Erleen Marshall Luigi
Puerto Rico

AMIGA

Alma sincera
que siempre acompañas
mis sentimientos.

Muestras conocer
mis faltas en silencio
que no me juzga.

Intimidades
parlamos y guardamos
en complicidad.

Ganancia viva
que alejas soledad
con tu presencia.

Aliento tibio
al pronunciar el nombre
tuyo, mi amiga.

Mariela Cordero
Venezuela

PAÍS

Pinto tu mapa
en mi corazón triste
y brillas puro.

Amaba tu sol
amarillo de risas,
niños y juegos.

Ídolos falsos
te han ensombrecido
y saqueado.

Será un festín
verte de nuevo libre
de tanta maldad.

Mariela Cordero
Venezuela

<u>FE</u>

Fuerza indemne
en el silencio creces
y vuelas alto.

Energía das
al que lucha y sueña
y por ti triunfa.

Maite García Córdoba
España

ECOS DE POESÍA

Esa suavidad
de celestes palabras
tejen mi alma.

Como dorados
presagios soñadores
que versan cielos.

¡Oda de besos!
evocando "te amo"
...eternamente.

Sí, en mis labios...
como embelesados,
sintiendo amor.

De infinitos...
que invaden mis versos
con tus recuerdos.

Esos que hilan
mi alma a la tuya
en seducciones.

Plenos de pasión
que desmayados prenden
en estas manos -

¡Oh! Mi amante...
teje mis oraciones
en osadías.

Esas que vuelven
el mar en azucenas
blancas y mías.

Suspiro tuyo -
¡caracola de olas
de mis adentros!

Isla del alma,
silencios que elevan
benditas manos.

Así, sintiendo...
requiebros y reclamos
de poesía.

Cándida Negrón Santiago
Puerto Rico

NIETOS

Nada compara
sentimientos, ternura
en mi corazón.

Inquietos todos
de un lado a otro
con ellos ya estoy.

Eterno amor
refleja en mi alma
un gozo sin fin.

Todo me cambia
momentos especiales
un mundo ideal.

Oh, los retoños
corazón de mi alegría
de mi vida son.

Salgo contenta
recibiendo su amor
los amo tanto.

Ariel Santiago Bermúdez
Puerto Rico

<u>DIOS</u>

Doblas sorpresas
en tu máquina suave
de tiempo seco.

Iluminando
piedras del universo
que Tú puliste.

Órbita blanca
por donde Tú caminas
siglo tras siglo.

Sabes conocer
al hombre que creaste
en solo un día.

Susana González Rico
Venezuela

SOY

Saber que yo soy
y que aún existo
más allá de mí.

Obcecado ser,
único y distinto,
falla perfección.

Yo siempre supe
que dentro de mí hay más
que lo que muere.

Susana González Rico
Venezuela

OLVIDO

Oigo tu canto
desde la oscuridad,
como un eco.

Logro entender
que nada es posible,
que ya no estás.

Viajo contigo
a paisajes lejanos
donde habitas.

Intento seguir
el rastro de tus pasos,
la huella tuya.

Decepcionada
trato de encontrarte
en cada foto.

Olvidándote
escapo de mi vida
y de la tuya.

Daniel Népomuk
Puerto Rico

PEZÓN

Pintas tu forma
con luces y con sombras
bajo el algodón.

Entre texturas
como un clandestino
te escondes de mí.

Zafiro arcano
despiertas en mí un fuego
color titanio.

Oblea carnal
que amamantas los cielos
y sus estrellas.

Nogal florido
a distancia deseo
entregarme a ti...

Mary Ely Marrero-Pérez
Puerto Rico

MUSLOS

Me enredas más
con tu saliva tibia
sin más rencores.

Urente piel,
te me unges altivo
en carne blanda.

Surto acaricias,
rapaz muerdes sagaz;
mueres en mí.

Límpidas ves,
mis piernas regaladas,
no de rodillas.

Obedéceme.
Entra a mis cueros fríos
y sé valiente.

Selva y temblor
en lujurioso trance
de mi apertura.

Mary Ely Marrero-Pérez
Puerto Rico

<u>USTED</u>

Ultimar debo
confianzas post serenas
de amistad plena.

Sucinta soy
de palabras sinceras...
confesión vana.

Tutear prohibido,
amordazado va
en mi consciencia.

Efebo amor:
uniones sin ardores
ni menoscabos.

Distancias valen
sin menguar los calores
de manos santas.

Silvia G. Vázquez
Argentina

DUDA

Da su respuesta
única y hermética
incuestionable.

Una confesión
la volvería sabia:
"no estoy segura".

Después de clase
descansa en sus certezas
¡pobre maestra!

Afirma siempre
que dudar no es humano
mientras rebuzna.

Miguel Lazarte
Argentina

BELLA HUMILDAD

Bella dádiva
nos brinda la existencia:
la fina humildad.

El ego oscuro
nos acecha en la senda.
Brutal, sombrío.

La gris altivez
en mi alma no hizo mella.
Nací modesto.

La vida limpia,
los buenos sentimientos,
sin fingimientos.

Así existiré
por siempre mientras viva.
Frontal y franco.

Hoy agradezco
haber nacido humilde,
siempre sincero.

Un padre recto
ordenó mi conciencia.
La formó justa.

Mi madre tierna
con amor y paciencia
trazó mi marcha.

Inútil será
creer que ya no existen.
Subsisten en mí.

Libres mis letras
grafican en el papel
lo que aún me dan.

Dios, razón, lealtad
y un legado de su amor:
su bella humildad.

A ellos tendré
en mis versos, presentes
por la eternidad.

Donde ellos estén,
me estarán repitiendo:
derrocha humildad.

Araceli Blanco Rubio
México

CARIÑO

Cariño puro
que nace del corazón
magia del alma.

Azul celeste
claro y transparente
luz que me abraza.

Rocío fresco
en medio del desierto
siempre oportuno.

Imprescindible
como el aire al fuego
nunca te vayas.

Ñire robusto
dispuesto a resarcir
el daño hecho.

Oasis bello
beberé de tu agua
dame tu vida.

Araceli Blanco Rubio
México

RETO

Renunciar, nunca
sentidos e instinto
vengan a mí.

Emprender siempre
con la mirada puesta
hacia la meta.

Triunfo soñado
satisfacción divina
qué dulce sabor.

Oportunidad
para sentirme plena
de nuevo vencí.

Araceli Blanco Rubio
México

BESO

Beber tu aliento
fuente de agua fresca
placer divino.

Emoción dulce
alimento del alma
nunca me faltes.

Suave y fuerte
como brisa y tormenta
es tu esencia.

Olas y arena
bajo un cielo azul
quiero tu beso.

Eugene López-Rivera
Puerto Rico

SEQUÍA

Sonar de gotas
pariendo agua de más
con el vendaval.

Exangües nubes
moradas, grises, sin sol
ahogan al mar.

Quebranto trueno
de corazón sin pecho
donde guarecer.

Urgen tus lunas,
balsas que salvan cielos
sin universos.

Índigo luzco
en las profundidades
de tu ausencia.

Aunque inunde
la trascendencia, seré
sequía sin ti.

Eugene López-Rivera
Puerto Rico

<u>PATRIA</u>

Porción de vida
hermandad del terruño
Islita nuestra.

Amedrentada,
sometida estrella
extorsionada.

Tenemos fuerza
herencia africana
taína, blanca.

Reina tu suelo
con alma, libertad e
inteligencia.

Iza bandera
de raza renovada
superdotada.

A luz daremos
un Borikén fuera de
la ignorancia.

Wanda Lluveras
Puerto Rico

HUMO

He de mirarte
búho del aire negro
brasa perdida.

Unilateral
en vacío expiras
en humo viajas.

Mis ramas secas
envuelves liberando
mis partículas.

Olor de tiempo
humo seguirás siendo
alas de cóndor.

Wanda Lluveras
Puerto Rico

TIERRA

Tientas el agua
salón de tu santuario
alma gemela.

Inicias todo
desde tiempos remotos
tocas el azul.

Enigmáticos
hijos emergen de ti
cuando los llamas.

Ramos de soles
tocan a tus portales
al despertarte.

Respiras verdor
flautines matinales
gotas de vida.

Alzas los panes
para saciar las bocas
por ti, benditas.

Carmen Chinea Rodríguez
España

ABRAZO

Abro mi alma
un cálido instante,
desesperada...

Busco tu cuerpo
fingiendo un saludo
que es mucho más.

Retengo, alargo
dilato el momento
quiero quedarme.

Anhelo la paz
que aspiro de ti
de tu aroma y voz.

Zona prohibida
en la que ya vibramos
quizá solo yo.

Observo y no sé
quién de nosotros dos
abraza más.

Lizzie R. Nevarez De Jesús
Puerto Rico

MUJER

Miel en el verso
fluyes constantemente
vives despacio.

Unes dulzura,
en ese crepúsculo
eres cadencia.

Juegas con verbos
al umbral de la puerta
con el silencio.

Estás brillando
por eso cantas verde
alegremente.

Río de sales
amanece de nuevo
en tu gran tiempo.

Lizzie R. Nevarez De Jesús
Puerto Rico

<u>HOY</u>

Has hecho todo
o lo mismo que ayer
ya despertabas.

Oyes sus voces
mientras, siempre renaces
en el espejo.

Y sabes amar
con la solidaridad
amanecida.

Lizzie R. Nevarez De Jesús
Puerto Rico

<u>SOL</u>

Solo óyeme
eres una amiga
camino al mar.

Oyes la vida
palpitar lentamente
y te encuentras.

Los versos surgen
por tu andar silente
en mi recuerdo.

Marieli Calderón
Puerto Rico

ANACORETA

Anagnórisis
con un espejo rosa
sueñas ilusión.

Noticia sutil
albor de filigrana
en mar sombreado.

Azul silencio
de azahares nocturnos
sin sortilegio.

Canción de vida
razón en sí soñada,
agua de rubí.

Once fulgores
caminan al ocaso
desde el Parnaso.

Rocía Diana
sin sutiles esencias
la melodía.

Embeleso soy
al asceta sin suerte
mi guarida.

Temporalidad
con espacios vacíos
sin apariencias.

Ando descalza
en propuesta azarosa
y alma consciente.

Sandra Santana
Puerto Rico

AMANTES

Amado mío
la tabla donde asirme
en mi naufragio.

Mi buen amante
refugio que me salva
en la tempestad.

Arden mis velas
y se alocan mis mares
cuando te siento.

Navego firme
en tu amor sin amarres
genuino y libre.

Tormenta y calma
el tiempo se recrea
entre nosotros.

Enamorados
por equipaje el amor
y la confianza.

Sagrado pacto
este amor ya se fraguó
en la eternidad.

Sandra Santana
Puerto Rico

SEQUÍA

Sedienta de ti
mi vida es un desierto
que se consume.

En esta orilla
las arenas revueltas
claman tus aguas.

Querencia loca
me amarra y me desata
cual torbellino.

Un espejismo
alborota mis ansias
cuando te pienso.

Imponderables
los cálidos anhelos
que me desarman.

Ay, si supieras
que solo tu manantial
puede saciarme.

Madeline Santos Zapata
Puerto Rico

RABO DE GATA

Rozar el viento
en silencio deleite
es tu danza y paz.

Asta callada
sin guerra ni dominios
eres vencedor.

Bolero y pausa,
con pisadas siniestras,
tu presa acechas.

¡Ojalá pueda
esgrimir pensamientos
como lo haces tú!

Desafías fiel
las alturas y abismos
con temeridad.

Ensimismada
quedo, viéndote absorta,
espantando horas.

Gratitud sutil
brinda tu peluda piel
en tus devaneos.

Arrimas mimos
con ansia de tu hambre;
hechizas mi alma.

Trenza en colores
te enroscas para dormir
coronas tu aura.

Ahuyenta tedio
tu pelaje en vaivenes
¡estirpe egipcia!

Madeline Santos Zapata
Puerto Rico

<u>TÚ</u>

Tibios recuerdos
susurran las sirenas
de tu fuego y miel.

Último encanto
de desvelos colmados
con besos bohemios.

Madeline Santos Zapata
Puerto Rico

LABIOS

Ligero roce
de tu orilla carmesí,
vértigo voraz.

Amor guardado
en tus tiernos corales,
ardiente espera.

Bastión de deseos,
huérfanas tentaciones,
tiemblan al verme.

Intuyo pasión
en tus muecas sensuales,
desvisto dudas.

Obliga el ansia,
tus molduras rosadas,
asir hacia mí.

Sentencia veraz,
tus rojos horizontes
se mojan en mí.

Ellos dijeron lo que querían decir.

www.ingramcontent.com/pod-product-compliance
Lightning Source LLC
Chambersburg PA
CBHW060401050426
42449CB00009B/1851